Un voyage difficile

Original story by Jennifer Degenhardt

Translation and adaptation by Theresa Marrama

Revision and correction by Sophie Hade, Françoise Goodrow and Cécile Lainé

Student artist: Gray Martin-Tsoupas

To all of the immigrants who make *un voyage difficile* to the United States.

Table des matières

Remerciements

A huge thank you to Terri Marrama, a French teacher and author in her own right, for not only the translation, but the adaptation of this story from the original Spanish. She believes, as I do, that culture and language are inextricably linked and having a story written in French for learners of the language makes that much more sense if the story takes place in a Francophone region. Thanks to her, readers know more about the harrowing journey some Haitian immigrants make in search of a better life in the United States.

Thank you to Sophie Hade and Françoise Goodrow for their help with the revision and correction; and to Cécile Lainé for taking the translated text and making it more comprehensible for student learners.

And to Adeline Toussignant, many thanks for the help with the glossary and for the background cover artwork.

And, thank you to Gray Martin-Tsoupas, an 8th grade student at East Moriches Middle School, for submitting the wonderful cover art for this book. It was wonderful to work with such an enthusiastic and responsive student artist for this cover.

Chapitre 1
Jamil

Il est dix heures du soir. Finalement, j'arrive à la maison avec ma famille. J'ai une femme et trois enfants : deux filles et un garçon. Ils sont au lit et Noémie, ma femme, est dans la cuisine. Elle prépare les haricots pour demain.

Quand j'entre par la porte, je salue ma femme.

> — Bonjour, mon amour. Comment ça va ?
> — Bonjour, Jamil. Une longue journée pour toi ? Veux-tu manger ?
> — Oui. Merci beaucoup.

Normalement, je travaille 14 heures par jour, de huit heures du matin jusqu'à dix heures du soir. J'ai deux emplois. Pendant la journée, je travaille dans une petite usine de cuir près de la maison, et le soir je suis chauffeur de taxi privé. J'utilise la voiture de mon frère pour emmener les touristes et les d'autres personnes où ils le désirent.

Ma famille a besoin de l'argent des deux emplois. Les enfants sont tous les trois à l'école et ils ont besoin de matériel pour étudier. La vérité est que mon salaire de l'usine n'est pas suffisant et à cause de ça, je suis chauffeur de taxi le soir.

Je prends la soupe que Noémie m'a préparée et elle m'explique un autre problème économique.

— Jamil, la machine à laver ne fonctionne pas.
— Qu'est-ce qui s'est passé ?
— Je ne sais pas, mais je ne peux pas laver les vêtements.
— D'accord.
— Tu sais que j'ai besoin de la machine à laver pour mon travail.
— Oui, Noémie. Je le sais.

Ce problème avec la machine à laver n'est pas nouveau. Et je sais très bien que ma femme a besoin de l'utiliser pour son travail. En plus de s'occuper de notre maison, elle travaille pour une autre famille américaine qui a une maison en ville. Elle la nettoie et quelquefois prépare la nourriture. Elle lave aussi les vêtements d'autres familles qui n'ont pas de machine à laver. Comme moi, ma femme a deux emplois. Avec quatre emplois il n'y a parfois pas assez d'argent. Nous ne sommes pas riches. Nous ne sommes pas très pauvres. Mais la vie est très difficile maintenant, surtout avec ce nouveau problème de machine à laver.

Les problèmes économiques ne touchent pas seulement notre famille. Il y a beaucoup de personnes en Haïti qui souffrent comme nous. Le pays n'est pas très riche.

— Demain, c'est dimanche, dis-je à Noémie. Après avoir assisté à la messe en famille, je vais essayer de réparer la machine à laver.

— Merci, Jamil.

Chapitre 2
Noémie

Le dimanche est mon jour favori dans ma ville. J'habite à Port-au-Prince, en Haïti, avec ma famille : mon mari, Jamil, et mes trois enfants : Camille, Yvette et Marc. Les filles ont 8 et 7 ans, et mon petit Marc a 5 ans. Ma famille est toute ma vie.

Ce matin, comme tous les dimanches, nous allons à l'église. Nous marchons huit pâtés de maison jusqu'à la place centrale où se trouve l'église, une structure de couleur jaune. La ville a une population de plus ou moins 900 000 personnes et les dimanches, beaucoup sont sur la place publique. Le dimanche est le jour de repos. Les personnes qui ne sont pas croyantes passent par la place, ils parlent avec les autres et passent simplement du temps avec leurs familles et leurs amis. Tout le monde a quelque chose à faire mais personne n'est pressé.

— Tout le monde est prêt ? Nous allons sortir maintenant, dis-je à Jamil et à tous les enfants.

— Oui Maman, crient tous les enfants.

Avant de sortir de la maison, Jamil prend son chapeau. C'est un chapeau qu'il porte tous les jours. Je regarde mon mari ce matin. Il est toujours fatigué à cause de ses heures de travail, mais aujourd'hui ses yeux aussi sont fatigués. Il est très préoccupé. Il est préoccupé par la machine à laver, mais il l'est aussi à cause du problème d'argent. Il n'y en a pas assez pour la famille. Quand il en parle, il dit toujours : « Quand il y en a, il y en a. Quand il n'y en a pas, il n'y en a pas ». En ce moment, et depuis les six derniers mois, il n'y a pas d'argent dans notre maison.

— Noémie, me dit Jamil. Je ne sais pas ce que nous allons faire si je ne peux pas réparer la machine à laver. Il y a toujours des problèmes avec cette machine à laver.

— Jamil, ne t'inquiète pas. Tout va bien se passer. Nous en parlerons après la messe, je lui réponds.

Je le prends par le bras et nous continuons à marcher vers l'église.

Chapitre 3
Jamil

Ce matin, je suis très fatigué. Après l'église nous retournons chez nous pour manger le déjeuner.

Après avoir mangé un peu de Sòs Poul (poulet en sauce) avec du riz, je travaille pendant six heures sur la machine à laver, mais elle ne fonctionne toujours pas. C'est un gros problème. Je vais demander aux hommes de l'usine de trouver une solution.

— Noémie, je vais y aller maintenant. Je vais à l'usine, dis-je à ma femme.

— D'accord. Mange quelque chose. Je t'aime, Jamil. Ça va aller.

Je marche pendant cinq minutes jusqu'à l'usine. C'est une petite usine ; c'est l'entreprise de mes frères et moi, mais je suis la seule personne qui y travaille. Avec deux autres employés, nous faisons des bottes avec le célèbre cuir de notre région.

Un des salariés, Guy, est à sa table. C'est un bon employé.

— Bonjour, Guy. Comment ça va ?
— Bonjour, Jamil.　Je vais bien.　Et toi ?
— Je vais bien, merci.
— Jamil, est-ce qu'il y a encore du cuir pour faire des bottes ?
— Non, Guy. Nous n'en avons plus. Je vais parler à mon frère.

Mon frère Luc est celui qui achète les matériaux dont nous avons besoin pour l'usine.

Je l'appelle au téléphone :

— Salut, Luc.　C'est moi, Jamil.
— Jamil, mon frère. Comment ça va ?
— Luc, as-tu du cuir ?
— Non, mon frère. Je n'en ai pas. Je n'ai pas d'argent pour l'acheter.

— Luc, sans matériaux, nous ne pouvons pas faire de bottes. S'il n'y a pas de travail pour les hommes, l'usine va fermer.

— Oui, Jamil. C'est un problème pour tout le monde.

— Luc. Tu ne comprends pas. J'ai beaucoup de problèmes financiers.

Le salaire de l'usine n'est pas suffisant pour ma famille et maintenant la machine à laver ne fonctionne pas. J'ai besoin d'argent.

— C'est horrible, Jamil. Qu'est-ce que nous pouvons faire ?

— Luc, j'ai besoin d'aller aux États-Unis. Dans le Nord. As-tu un contact là-bas ?

— Jamil, ce voyage est très long et dangereux. Tu ne dois pas y aller.

— Mais, Luc, aux États-Unis je peux gagner plus d'argent. Je vais me préparer pour le voyage.

— D'accord, mon frère. Je vais te donner un peu d'argent pour le voyage. Je vais aussi contacter mon ami en Floride. Il peut t'aider.

— Merci, Luc. Aussi, peux-tu prendre soin de ma famille ?

— Oui, bien sûr.

— Merci, mon frère.

Après cette conversation, je décide d'aller aux États-Unis pour chercher du travail.

Chapitre 4
Noémie

Nous sommes dans la cuisine après le dîner. Il y a seulement mes enfants et moi parce que Jamil travaille ce soir. Quelques touristes ont besoin d'aller à l'aéroport et Jamil est chauffeur.

— Maman, dit Camille, ma fille aînée, pourquoi est-ce que je dois faire mes devoirs ? Je ne les aime pas.

— Camille, tu sais que les devoirs sont très importants. L'éducation est très importante et les devoirs font partie de ça.

— D'accord. Mais je ne les aime pas.

Yvette est à table avec sa sœur. Elle n'a pas de devoirs, mais elle veut faire ses « devoirs » comme Camille.

Cette dernière me dit :

— Maman, j'ai besoin d'aller à la papeterie pour acheter du matériel.

— Et de quoi tu as besoin ? Tu as déjà des crayons, des marqueurs et une règle.

— Le professeur dit que nous avons besoin d'une boîte spéciale pour un projet que nous faisons, explique-t-elle.

— Pourquoi est-ce que tu me le dis maintenant ? je lui demande d'une voix fâchée. Quand est-ce que tu as besoin de ce matériel ?

— Je ne sais pas, Maman. Nous avons parlé du projet aujourd'hui à l'école.

Je ne suis pas fâchée, mais préoccupée. La vérité est que nous n'avons pas d'argent pour cela et Marc a besoin de nouvelles chaussures. Et maintenant la machine à laver ne fonctionne pas et je ne peux plus gagner d'argent. La situation est grave. Jamil est aussi très préoccupé. Il ne va pas être content d'apprendre cela.

Jamil arrive à la maison, mon fils est dans son lit, mais les filles sont encore dans la cuisine et elles sont très heureuses de voir leur papa ce soir.

— Salut, Papa, lui disent-elles en lui sautant dans les bras.
— Salut, mes filles. Comment allez-vous ? Qu'est-ce que vous faites ?
— Camille et moi faisons nos devoirs, répond Yvette.
— Yvette, tu n'as pas de devoirs, lui dit Camille, sa sœur aînée. Tu dessines seulement.
— D'accord Camille, mais Yvette a aussi des devoirs, j'explique à ma fille.

Je vais à la cuisinière chercher le dîner pour mon mari. Il ne dit rien pendant qu'il mange. Il a très faim. Je dis aux enfants d'aller se brosser les dents.

Quand il a fini de manger, Jamil met son plat dans l'évier et il revient à table.

— Noémie, on doit parler. Notre famille a besoin de plus d'argent. Il n'y a pas assez d'heures dans une journée pour travailler.

— Oui, Jamil. Je sais. Je suis aussi préoccupée. Qu'est-ce que nous allons faire ?

— Je dois aller aux États-Unis.

— Mais, Jamil. Comment ? Comment est-ce que tu vas y aller ? Qu'est-ce que nous allons faire ici ?

— Noémie, Luc va aider.

— Jamil, je n'aime pas ton plan. Tu as besoin d'être avec ta famille.

— Je veux être avec ma famille. Je préfère être avec ma famille. Mais la vérité est que je peux gagner plus d'argent aux États-Unis et que je peux vous envoyer de l'argent.

Je n'aime pas cette idée, mais je sais que c'est la meilleure option pour notre famille.

— Quand veux-tu y aller ?

— Dans trois jours.

Chapitre 5
Jamil

Ce soir, je reviens tôt à la maison depuis mon travail à l'usine. Après le dîner, Noémie va dire aux enfants le plan que j'ai d'aller aux États-Unis. Les filles et Marc ne vont pas tout comprendre mais ils vont être tristes.

Noémie est dans la cuisine. Elle prépare la nourriture et les enfants jouent dehors. C'est comme si tout était normal, mais ce n'est pas le cas. Demain, je vais partir de la maison très tôt et je vais laisser ma vie en Haïti pendant longtemps. Ce voyage est nécessaire. Ma famille a besoin de l'argent que je peux gagner si je travaille aux États-Unis.

Je pense à aller en Floride. J'ai un ami qui vient de Haïti et qui habite là-bas. On dit que le voyage est très difficile, surtout en mer. J'ai seulement besoin de mon sac à dos, parce que ce n'est pas une bonne idée d'apporter beaucoup de choses. Je vais prendre un autre pantalon, une chemise, de l'argent et une photo de ma famille. Les hommes à l'usine m'ont donné une nouvelle paire de bottes. Je suis prêt.

Est-ce que je suis prêt à voyager mille kilomètres ? Je ne connais qu'Haïti, je n'ai pas beaucoup d'expérience en dehors de cela. Je ne sais rien en dehors d'Haïti. Je vais avoir besoin de beaucoup de chance pour ce voyage.

Noémie appelle la famille :
— À table !

Les enfants courent. Ils ont très faim, comme d'habitude.

Ma femme crie encore une fois :
— Lavez-vous les mains ! Souvenez-vous, les enfants : se laver les mains, c'est très important.

Après avoir mangé, j'explique mon projet de voyage à Camille, Yvette et Marc. Les enfants ne disent rien, mais Marc demande :

> — Je ne comprends pas tout, Papa, mais quand est-ce que nous y allons ?
>
> — Non, mon fils. J'y vais seul. Tu vas rester avec ta maman et tes sœurs.
>
> — Mais, non, Papa. Je veux y aller avec toi !
>
> — Ce n'est pas possible, Marc. Papa doit y aller seul. Mais je vais vous téléphoner.

D'habitude, Camille ne peut pas arrêter de parler. Mais ce soir, elle n'a qu'une seule question :

> — Papa, quand est-ce que tu vas revenir ?
>
> — Je ne sais pas, ma fille. Je ne sais pas.

Chapitre 6
Noémie

C'est difficile quand Jamil doit quitter la maison pour voyager. Quelques amis m'ont parlé du voyage en Floride et ils m'ont dit que c'était très dangereux. Je suis préoccupée pour mon mari, et pour ma famille aussi.

La vie que nous avons ici à Port-au-Prince… est bonne, mais difficile. Jamil travaille beaucoup ; à l'usine et comme chauffeur de taxi pour son frère. Mais il n'y a pas assez d'argent pour les nouveaux pantalons ni pour sortir au restaurant de temps en temps. Il y a seulement de l'argent pour la nourriture et le matériel nécessaire pour les enfants.

Je ne sais pas ce que nous allons faire sans les deux salaires de mon mari quand il sera aux États-Unis. Jamil a dit que Louis nous aiderait, mais je ne veux pas créer de problèmes pour lui. Louis a aussi une famille.

Je suis également préoccupée, mais pour une autre raison. J'ai une douleur horrible à l'estomac. Je ne veux pas le mentionner à Jamil avant son voyage. Je vais chez le médecin la semaine prochaine.

Chapitre 7
Jamil

Le voyage aux Bahamas est horrible. Tout d'abord, je dois voyager à l'arrière d'un camion pendant sept heures jusqu'à la côte nord d'Haïti, à Port-de-Paix.

Une fois à Port-de-Paix, je dois monter sur un vieux ferry pendant une heure pour arriver à l'île de la Tortue, un centre majeur de construction navale. Sur le ferry, je rencontre deux frères haïtiens qui voyagent aux États-Unis comme moi.

> — Bonjour. Je suis Richard et voici mon frère, Guy.
> — Bonjour. Où allez-vous ?
> — Nous allons à l'île de la Tortue pour prendre un bateau pour aller au Nord.
> — Moi aussi. Je ne peux pas gagner assez d'argent à Haïti.
> — Tu ne dois pas mentionner que tu es haïtien. La police est stricte avec

les migrants haïtiens aux États-Unis, Guy m'a dit.

— Oui, Richard a affirmé. Tu dois mémoriser une nouvelle identité. Tu ne peux pas dire que tu es d'Haïti. Mon frère et moi pouvons t'enseigner toute ce que tu dois savoir si la police te pose des questions.

Depuis ce jour-là, Richard, Guy et moi voyageons ensemble. Nous arrivons à l'île de la Tortue après une heure sur le ferry. Nous avons faim.

Richard me dit :

— Maintenant, nous allons monter sur un petit bateau, mais il n'a pas de moteur.

C'est le deuxième voyage aux États-Unis pour Richard. Il m'explique qu'on doit monter sur un petit bateau sans moteur pour aller aux États-Unis en secret.

Les deux frères et moi montons sur ce bateau. On doit aller sous le pont. Il n'y a pas beaucoup d'espace sur le pont pour nous ni pour les trente autres personnes qui font partie du groupe. Il n'y a même pas d'espace pour bouger.

Nous voyageons ainsi pendant cinq jours. Nous avons un peu d'eau, mais nous n'avons pas de nourriture. Nous n'avons pas assez d'argent pour en acheter.

— Jamil, me dit Richard. Tu ne parles pas beaucoup. À quoi penses-tu ?

— Je pense à ma famille. Elle me manque. Je ne les ai pas vus depuis longtemps.

— Je comprends parfaitement. C'est difficile de quitter sa famille. Parle-moi d'eux.

Alors, pendant deux heures ou plus, nous avons tous les trois parlé de nos familles.

Chapitre 8
Noémie

Jamil est parti de la maison il y a dix jours. Cela fait longtemps que nous sommes séparés. La vie continue ici, à Port-au-Prince. Je me lève chaque jour avec les enfants. Ils se préparent pour aller à l'école et je nettoie la maison de la famille américaine avant d'aller à l'usine. L'après-midi, je travaille avec les hommes à l'usine. Je fais des tee-shirts et des jeans. Je ne gagne pas beaucoup d'argent, mais ce que je gagne en nettoyant, c'est suffisant.

Un matin avant d'aller à l'école, Marc me demande :

— Maman, quand est-ce que Papa va revenir ?
— Oh, Marc, mon fils. Papa voyage aux États-Unis maintenant. Il ne va pas revenir pour longtemps.
— Dans combien de temps ?

— Les enfants, venez ici. Je dois vous en dire plus, au sujet du voyage de votre papa. Papa voyage dans le Nord et il ne va pas revenir pour longtemps. Il voyage pour chercher du travail.

Yvette m'interrompt :

— Alors, est-ce que nous allons aussi aller aux États-Unis ? Si Papa y travaille, on doit être avec lui.
— Yvette, c'est vrai, on doit être avec Papa, mais ce n'est pas possible. Ce pays est très loin d'Haïti. De plus, Papa devait y aller parce que la famille a besoin de l'argent qu'il va gagner.

Mais, Camille me demande :

— Pourquoi est-ce que nous avons besoin d'argent ? Papa travaille beaucoup et toi aussi. Nous avons besoin d'argent ? Pourquoi il devait aller dans le Nord ?

J'essaie alors de calmer mes enfants :

— Les enfants, ne vous inquiétez pas. Papa va revenir quand il aura gagné assez d'argent pour la famille. Vous savez qu'il vous aime beaucoup et moi aussi. Nous voulons le meilleur pour cette famille. Maintenant, nous allons à l'école.

Je sais que mes enfants n'aiment pas la raison pour laquelle leur papa n'est pas à la maison, mais je ne peux pas leur expliquer plus. Ils doivent être à l'heure à l'école et aujourd'hui, j'ai besoin d'aller tôt à l'usine parce que j'ai rendez-vous chez le médecin à midi.

J'ai encore mal à l'estomac. J'ai très mal à l'estomac.

Chapitre 9
Jamil

Voyager sur ce petit bateau est très difficile et très dangereux. C'est presque impossible pour les personnes faibles. J'ai beaucoup de chance d'avoir mes amis, Richard et Guy, qui m'aident et m'encouragent. Je les aide aussi. Nous arrivons à nous occuper, mais les autres personnes n'ont pas de chance.

Il y a des voleurs qui volent les possessions des autres. Il y a aussi des personnes qui sont malades et d'autres qui sont passés par-dessus bord pour différentes raisons. Ce sont des incidents terribles. C'est horrible d'entendre les cris de ces personnes.

Je pense beaucoup à ma famille. Je préfère être à Port-au-Prince avec ma femme et mes trois enfants.

Je ne les verrai pas pendant presque trois semaines.

Nous voyageons pendant longtemps. C'est au moment où nous arrivons presque aux Bahamas que nous rencontrons un énorme problème.

Il y a un autre bateau qui s'approche de nous, avec de nombreux hommes à bord. C'est un bateau de la gendarmerie maritime. Ils nous bloquent le passage et l'un des agents nous interpelle :

— Tout le monde doit venir avec nous pour aller au poste de police. Nous savons que vous êtes haïtiens et que vous voyagez de façon illégale.
— Qu'est-ce que je fais ? je demande à Richard : il connaît bien les règles d'immigration parce qu'il a déjà voyagé. — Je veux m'enfuir mais je ne sais pas quoi faire…
— Jamil, tu ne dois pas fuir. Tu dois aller avec les agents de la

gendarmerie maritime. Ils vont te poser beaucoup de questions mais ils ne vont pas te garder en détention.

— Pourquoi ?

— Ces hommes ne gagnent pas beaucoup d'argent non plus. Ils veulent de l'argent. Si tu leur donnes de l'argent, tu n'auras plus de problèmes.

— C'est une bonne idée, mais je n'ai pas d'argent.

— Prends cet argent, dit-il en me donnant un peu d'argent.

— Merci... mais je ne peux pas l'accepter... Je ne sais pas quoi dire...

— Ne dis rien, tu es une bonne personne. Bonne chance. Nous nous reverrons aux États-Unis.

— Merci. Merci mille fois à tous les deux.

Je leur serre la main et j'embrasse fort les deux hommes. Ce sont de bonnes personnes, eux aussi. Finalement, je monte sur le bateau de la gendarmerie maritime et je les accompagne.

Chapitre 10
Noémie

Après avoir déposé les enfants à l'école, je marche quatre pâtés de maison jusqu'à l'usine. Je marche avec difficulté parce que j'ai très mal à l'estomac. J'entre par la porte et je salue les hommes.

— Bonjour tout le monde. Comment allez-vous ?

Je ne finis pas la question car je tombe par terre. La douleur est horrible.

— Madame, ça va ? demande Pierre.
— Non. Je suis très malade. Tu peux appeler un médecin ?
— Oui, Madame. Tout de suite.

Pierre court vers le téléphone et appelle un médecin.

L'autre homme, Jean, appelle un taxi. Il m'aide à entrer dans le taxi et nous allons à l'hôpital.

*****

Nous arrivons aux urgences. Jean explique à l'infirmière que je suis malade avec une douleur à l'estomac.

> — Allez à la salle numéro 3. Le médecin va arriver dans un moment.
> — Merci, dit Jean à l'infirmière.

Jean m'aide à me mettre dans le lit.

> — Merci, Jean. Tu es une bonne personne.
> — Madame, ne vous inquiétez pas.

Une doctoresse entre dans la salle et, après m'avoir donné son nom, elle m'examine. Elle touche mon estomac et prend ma température. J'ai de la fièvre.

La doctoresse me dit :

> — Madame, vous avez une infection. Vous avez besoin d'une opération. Maintenant.

J'essaie de protester :

> — Mais, je dois m'occuper de mes enfants. Et je n'ai pas d'argent pour...

Je ne termine ma phrase, car je tombe inconsciente. Pierre m'a dit après que j'ai subi immédiatement une opération.

Chapitre 11
Jamil

L'un des agents de la gendarmerie maritime me pose beaucoup de questions. Avec ce que j'ai appris de Richard et Guy, je leur donne le nom de ma ville en Haïti et d'autres informations quant à ma « vie haïtienne ». Je n'ai pas besoin de chanter l'hymne national, je paierai ce qui est nécessaire, mais je ne leur donnerai pas tout mon argent, seulement un peu.

Une fois toutes les questions posées, un agent me dit :

— Vraiment, je n'arrive pas à déterminer si tu es haïtien ou non. Mais je pense que tu es quelqu'un de bien. Tu peux retourner sur le bateau sans problème.

Je ne sais pas quoi dire, alors je réponds seulement :
— Merci, Monsieur.

Après deux jours aux Bahamas, je suis dans la rue à Nassau, la capitale des Bahamas, quand je vois un homme que je connais. Il s'appelle Guillaume, et c'est aussi un trafiquant d'êtres humains. Et il me dit qu'il va m'aider à aller aux États-Unis.

— Jamil, où vas-tu aux États-Unis ?
— J'ai l'intention d'aller à Miami. J'ai un ami qui est là-bas.
— C'est bien d'avoir des amis. Tu es prêt à aller aux États-Unis en bateau ? Nous partons ce soir.
— Oui, Monsieur. Je suis prêt.

À neuf heures du soir, sans la lumière de la lune, Guillaume et moi marchons sur la côte. Après, nous mangeons un peu de pain et nous buvons de l'eau d'une grande bouteille que nous avons.

— Mon frère. La vie aux États-Unis est très difficile pour les migrants.

Quand je monte sur le petit bateau sans moteur, il n'y a que moi et cinq autres personnes. Les autres personnes ont dû retourner en Haïti. Nous ne parlons pas, il y a un grand silence. J'ai mon sac à dos près de moi et je le serre dans mes bras. J'ai peur, j'ai faim et ma famille me manque.

La première chose que je veux faire une fois en Floride est de chercher un téléphone public pour appeler à ma femme en Haïti.

Chapitre 12
Noémie

Je suis chez moi après trois jours à l'hôpital. Louis et sa famille m'aident beaucoup à m'occuper des enfants, et avec l'argent. Mais en vérité, Camille et Yvette sont très responsables et aident beaucoup à la maison. Camille fait la cuisine et Yvette nettoie la maison. Marc n'aide pas beaucoup mais il ne cause pas de problèmes non plus.

Toutes les personnes du quartier m'aident aussi. Un voisin répare la machine à laver, un autre voisin prépare de la nourriture et un autre encore emmène les enfants à l'école. Je suis très contente, je n'ai pas besoin de m'inquiéter. J'ai besoin de me reposer quelques jours de plus parce que je veux bientôt retourner à l'usine. J'ai aussi besoin de laver des vêtements pour les voisins, car nous avons toujours besoin d'argent.

Un matin, une voisine arrive à la maison pour accompagner Camille, Yvette et Marc à l'école.

— Bonjour, Rachelle.
— Bonjour Noémie. Comment ça va ? Comment va ton estomac ?
— Oh, Rachelle, ça va mieux, mais j'ai encore mal. Je veux retourner au travail.
— Je comprends bien, mais tu dois te reposer.

À ce moment-là, je crie à mes enfants :

— Yvette, Camille, Marc… Êtes-vous prêts pour aller à l'école avec Rachelle ?

Mes enfants viennent dans la cuisine, prêts à sortir. Ils sont très sages.

— Oui, Maman. Nous allons à l'école, me dit Yvette.
— Yvette, salue Madame Rachelle s'il te plait.

— Je suis désolée. Bonjour Madame Rachelle. Comment allez-vous ?

— Bonjour, Yvette. Ça va bien. Es-tu prête ?

— Oui, nous sommes tous prêts. Allons-y.

Mes enfants m'embrassent et sortent les uns après les autres de la maison avec Rachelle.

Quand la porte se ferme, le téléphone sonne.

— Allô ?

— Allô, Noémie, c'est moi, Jamil.

Mon mari me téléphone ! Je suis tellement contente d'entendre sa voix.

— Salut mon amour. Comment ça va ?

— Noémie, tu me manques beaucoup.

— Oui, Jamil, tu me manques aussi. Où es-tu maintenant ?

— Je suis dans une ville au bord de la mer près des États-Unis. Je suis fatigué. Ce soir je vais monter sur un bateau avec un groupe de gens.

— Fais attention Jamil.

— Oui, Noémie. Comment ça va ?

Tout à coup, l'appel est terminé et Jamil ne parle plus. Je ne peux pas lui parler de mon estomac ou de ma visite à l'hôpital. C'est mieux pour Jamil. Il n'a pas besoin de ces informations pendant son voyage. C'est vrai que je vais mieux physiquement, mais je suis triste. La vie est difficile maintenant.

Chapitre 13
Jamil

Après deux jours sur le bateau, je me repose et je mange un peu de pain. Je suis prêt à me rendre aux États-Unis pour la première fois. Je parle avec un groupe de personnes qui est sur le bateau avec moi.

Deux amis haïtiens, un homme guadeloupéen et son fils, et une femme haïtienne avec sa fille handicapée forment ce petit groupe. La fille utilise des béquilles pour marcher. Lors d'une conversation avec sa mère, j'apprends son histoire :

> — Ce voyage va être très difficile pour toi avec ta fille.
> — Oui, c'est très difficile. Mais ce voyage est nécessaire. Je dois arriver aux États-Unis avec ma fille parce qu'elle a besoin d'une opération pour son dos.

— Je comprends parfaitement. Il y a beaucoup d'opportunités dans le nord, non ?

— C'est vrai.

Nous sommes le soir. Nous continuons à voyager jusqu'en Floride. Nous sommes un petit groupe. Il fait mauvais dehors ; il pleut et les vagues sont horribles. La femme haïtienne serre sa fille dans ses bras. Elle me regarde et elle commence à pleurer. Il est évident qu'elle a peur.

Finalement, nous apercevons les côtes de la Floride au loin.

Chapitre 14
Noémie

C'est dimanche, à Port-au-Prince. C'est mon jour préféré de la semaine parce que c'est un jour de repos. Comme d'habitude, tout le monde est sur la place publique. Mon estomac va bien, mais je suis encore fatiguée. Je m'assieds sur un banc et je regarde les gens.

Sur la place publique, il y a beaucoup de gens. Il y un groupe d'élèves qui portent les mêmes chemises bleues. Elles sont d'une école anglaise près de Port-au-Prince. Ici, elles parlent avec les touristes, pour pratiquer leur anglais. Il y a aussi des garçons qui nettoient les bottes pour gagne de l'argent. Je vois aussi beaucoup de filles qui sautent à la corde. Je suis fatiguée physiquement, mais je suis aussi fatiguée émotionnellement et mentalement. Je n'ai aucune nouvelle de Jamil depuis une semaine. Je ne l'ai pas vu depuis un mois. Il veut aller en Floride afin de se mettre en contact avec quelques amis de Port-au-Prince.   Mais est-ce qu'il va arriver en Floride ? Et quand ?

La vie est normale. Les enfants vont à l'école pendant la semaine, je travaille à l'usine et nous allons à l'église tous les dimanches prier pour mon mari. Mes enfants vont bien parce que ce sont de bons enfants, mais leur papa leur manque. Ils ne me posent presque jamais de questions à ce sujet. Je sais que je suis forte et que je peux m'occuper de la famille seule, mais la vie est meilleure quand nous sommes ensemble.

Est-ce que tu vas bien, Jamil ? J'espère que oui.

Chapitre 15
Jamil

Avec beaucoup de chance j'arrive finalement en Floride. Je descends du bateau avec mes vêtements sales. Je crois à peine que je suis aux États-Unis.

J'ai très faim. Je n'ai pas mangé depuis trois jours. Mon estomac ne me fait pas mal mais j'ai dormi sur le bateau pendant une heure et demie juste avant d'arriver en Floride.

Il fait très froid. La ville que je vois devant moi est énorme.

Je me sens perdu. Il n'y a pas beaucoup de gens qui parlent français à Miami. Je ne sais pas quoi faire. Pour me protéger du froid, je mets les mains dans mes poches. Je sens alors une pièce de monnaie, la pièce que le trafiquant d'êtres humains m'a donné. Je marche vers un téléphone public pour téléphoner à mes amis qui habitent ici.

— Bonjour, Jean ? C'est moi, Jamil. Oui. Oui, je suis à Miami.

Jean vient me chercher. Pendant que je l'attends, je pense au voyage très difficile que j'ai fait pour arriver ici. Cela en valait la peine. Je me sens bien et je sais qu'ici, aux États-Unis, je vais gagner l'argent dont j'ai besoin.

Jean arrive à Miami avec d'autres amis. Tout le monde me serre la main et m'embrasse. Ils me félicitent.

Après être monté dans le camion, je leur demande :

— Je voudrais téléphoner à ma maison, à Port-au-Prince. J'ai besoin d'un peu d'argent.

Jean me répond alors :

— Bien sûr, Jamil. Prends cet argent. Téléphone à ta famille.

Je marche encore une fois vers le téléphone public et compose le numéro de ma maison.

— Salut, Noémie. C'est moi, Jamil. Je vais bien. Je suis arrivé.

GLOSSAIRE

A

à - to, at
abord - on board
accepter - to accept
accompagne - (I, s/he) accompany/ies
accompagner- to accompany
accord - according
acheter - to buy
affirmé - affirmed
afin - finally
agent(s) - agent(s)
j'ai - (I) have
aide - (I, s/he) help(s)
aident - they help
aider - to help
aidera - (s/he) will help
aiderait - (s/he) would help
aies - to have
aime - like/ love
aiment - (they) like/love
ainsi - insist
aller - to go
allez - (you) go
allons - (we) go
alors - so
ami(s) - friend(s)
amour - love
américaine - American
anglaise - English
ans - years
apercevons - (we) see, glimpse
appel - call
appeler - to call
appellée - called
apporter - to bring
apprendre - to learn
apprends - (I, you) learn
appris - learned
approche - (s/he) approaches
argent - money
arrêter - to stop
arrive - (I, s/he) arrives
arriver - to arrive
arrivons - (we) arrive
arrive - (s/he) arrives
as - (you) have

assez - enough
assieds - sit
assisté - attended
attends - (I, s/he)
   wait(s)
au - to the, at the
aucune - none
aujourd'hui - today
aura(s) - will have
aussi - also
autre(s) - other(s)
aux - to the, at the
avait - (s/he) had
avant - before
avec - with
avez – (you) have
avoir – to have
avons – (we) have
aéroport - airport

B
banc - bench
bas - low
bateau - boat
beaucoup - a lot
besoin - need
bien - well
bientôt - soon
bleues - blue
blocs – blocks
bloquent - (they)
   block
bon/ne(s) - good

bonjour - hello
bord - edge
bottes - boots
bouger - to move
bouteille - bottle
bras - arms
brosser - to brush
buvons - (we) drink
béquilles –
   crutches

C
calmer - to calm
camion - truck
capitale - capital
car - because
cas - case
cause - cause
ce - the
cela - that
   feminine)
célèbre - famous
celui - the one, one
centrale - central
centre - center
ces - these
cet - this
cette - this
chance - chance
chanter – to sing
chapeau - hat
chaque - each
chauffeur – driver

chaussures - shoes
chemise(s) – shirt(s)
chercher - to look for
chez - in (location)
chose(s) – thing(s)
cinq - five
combien - how many
comme - like, as
commence - to start
comment - how
compose – compound
comprendre - to understand
comprends - (I, s/he) understand/s
comprenons - (we) understand
connait - (s/he) knows
connais - (I, you) know
contacter – to contact
contente - happy
continue - (I, s/he) continue(s)

continuons - (we) continue
corde - rope
couleur - color
coup - hit
courant - current
courent - (they) run
court - short
crayons - pencil
crie - (I, s/he) scream/s
crient - (they) scream
cris - shout
crois - (I, s/he) believe(s)
croyantes - believers
créer - to create
cuir - to cook
cuisine - kitchen
cuisinière - stove

D

dangereux – dangerous
dans - in
de - of, from
dehors - outside
demain - tomorrow
demande - (I, s/he) ask/s

demander - to ask
demie - half
dents - teeth
depuis - since
dernière - last
derniers - last
des - some
descends - (I, you)
    go down
dessines -(you)
    draw
dessus - on top
deux - two
deuxième - second
devant - in front of
devait – had to
devoirs –
    homework
dieu - god
difficile - difficult
difficulté –
    difficulty
différentes -
    different
dimanche(s) -
    Sunday(s)
dire - to say
dis - (I, you) say
disent - (they) say
dit - said
dix - ten
doctoresse –
    female doctor

dois - (I, you) have
    to
doit - (s/he) has to
donc - therefore,
    so
donne - (I, s/he)
    give/s
donner - to give
donnerai - (I) will
    give
donné - gave
dont - whose
dormi - slept
dos - back
douleur - pain
du - had to
décide - (I)
    decide
déjeuner -
    lunch
déposé - put down
désirent - (they)
    desire
désolée - sorry
détention – prison
    or detention
déterminer - to
    determine

E
eau - water
école - school

économique(s) - economical
éducation - education
église - church
elle - her
elles - they (feminine)
embrasse - (s/he) hugs
embrassent - (they) hug
emmener - to bring
émotionnellement- emotionally
emplois - job
employé - employee
encore - again
encouragent - (they) encourage
enfants - children
enfuir - to escape
énorme - giant
enseigner - to teach
ensembles - together
entendre - to hear
entre - between

enterprise - business
entrer - to enter
envoyer - to send
es - (you) are
espace - space
essaie - (I,s/he) try/tries
essayer - to try
est - (s/he) is
estomac - stomach
et - and
était - was
étant - being
États-Unis - United States
être - to be
étudier - to study
eux - them
évident - clear, evident
évier - sink
examine - (I) examine
explique - (I) explain
expliquer - to explain
expérience - experience

F
fâchée - angry

faibles - weak
faim - hungry
faire - to do, make
fais - (I, you) do
faisons - (we)we do
fait - (s/he, it/one)
    does
faites - (you) do
famille(s) -
    family, families
fatigué/e(s) – tired
faut - need
favori - favorite
femme - woman
ferme - close
fermer - to close
fièvre - fever
fils - son
finalement –
    finally
financiers –
    finances
finis - (I) finish
finit - (s/he)
    finishes
Floride - Florida
fois - times
functionne - (it)
    works
font - (they) do,
    make
forment - (they)
    form

fort/e - strong
froid - cold
fuir - to escape
félicitent - (they)
    congratulate

G
gagne - (s/he)
    wins,earns
gagnent - (they)
    win, earn
gagner - to win
gagné - won
garder - to protect
gendarmerie -
    French police
    force
gens - people
grand/e - big
grave - serious
gros - big, fat
groupe - group
guadeloupéen -
    Guadaloupian

H
j'habite - (I) live
habitent - (they)
    live
(comme)
d'habitude – as
    usual

handicapée - handicapped
haricots - beans
heure(s) - hour(s)
heureuses - happy
histoire - story
homme - man
hommes - men
horrible(s) - horrible(s)
huit - eight
humains - human
humbles - modest
hymne - hymn

I
ici - here
identité - identity
idée - idea
il - he
illégale - illegal
ils - they (masculine)
immédiatement - immediately
important/e(s) - important
inconsciente - unconscious
infirmière - nurse
informations - information

inquiéter - to worry
inquiétez - (you) worry
intention - intention
interpelle - (s/he) shouts out
interrompt - (s/he) interrupts

J
jamais - never
jaune - yellow
je - I
jouent - (they) play
jour(s) - day(s)
journée - day
jusqu'à - until
juste - just

K
kilomètres - kilometers

L
la - the
laisser - to leave
laquelle - which
lave - (s/he) washes

laver - to wash
lavez - (you) wash
le - the
les - the
leur(s) - their
lit - bed
loin - far
long(ue) - long
longtemps - long time
lors - during
lui - to him, to her
lumière - light
lune - moon

M

ma - my
madame - madam
main(s) - hand(s)
maintenant - now
mais - but
maison - house
majeur - major
mal - bad, hurt
malade(s) - sick
maman - mom
mange - (I, s/he) eat/s
mangeons - (we) eat
manger - to eat
mangé - ate

manque - (s/he) misses
elle me manqué - I miss her
tu me manque - I miss you
leur papa leur manque - their dad misses them
marche - (I) walk
marcher - to walk
marchons - (we) walk
mari - husband
maritime - maritime (of the sea)
marqueurs - markers
matin - morning
matériaux - materials
matériel - material
mauvais - bad
me - me, to me
meilleur/e - best
mentalement - mentally
mentionner - to mention
mer - sea
merci - thank you

mes - my
messe - mass
met - (I) put
mets - (you) put
mettre - to put on
midi - afternoon
mieux - better
mille - thousand
moi - me
moins - less
mois - month
mon - my
monde - world
monnaie - change,
coins
monsieur - mister
monte - (I) climb
monter - to climb
montons - (we)
climb
monté - climbed
moteur - motor
mémoriser - to
memorize

N
navale - naval
ne...pas - not
nettoie - (I, s/he)
clean(s)
nettoient - (they)
clean

nettoyant -
cleaning
neuf - nine
ni - nor
nom - name
nombreux -
number
non - no
nord - north
normal/e - normal,
typical
normalement -
normally
nos - our
notre - our
nourriture - food
nous - we, us
nouveau(x) - new
nouvelle(s) - new
numéro - number
nécessaire -
necessary
née - born

O
occuper – to
occupy
on - we
ont - (they) have
opportunités -
opportunities
opération -
operation

ou - or
oui - yes

P

paierai - (I) will pay
pain - bread
paire - pair
paix - peace
pantalon(s) - pants
papa - dad
papeterie - stationary store
par - by
parce que – because
parfaitement - perfectly
parfois – sometimes
parle - (I) speak
parlent - (they) speak
parler - to speak
parlerons - we will speak
parles - (you) speak
parlons - (we) speak
parlé - spoke
parti - left
partie - part
partir - to leave

partons - (we) leave
pas - not
passent - (they) pass
passer - to pass
passé(s) - past
pauvres - poor
pays - country
peine - trouble
pendant - while
pense - (I, s/he) think(s)
penses - (you) think
perdu - lost
personne(s) - person(s)
petit/e - small
peu - a little
peur - fear
peut - (s/he) can
peux - (I, you) can
physiquement - physically
pièce - coin
plait - please
plat - flatware/dish
pleurer - to cry
(Il) pleut - (it) is raining
plus - more
poches - pockets

pont - bridge
port - port, harbor
porte - door
portent - (they) carry
pose - put
posent - (they) put down
poser - to put down
poste - mail
posées - asked
pour - for
pourquoi - why
pouvons - (we) can, are able
pratiquer - to practice
prend - (I, s/he) take(s)
prendre - to take
prends - (I) take
presque - almost
pressée - hurry
prier - to pray
privé - private
prochaine - next
professeur - teacher
projet - project
protester - to protest
protéger - to protect

préféré - (I) prefer
préoccupé/e - worried
prépare - (I) prepare
préparent - (they) prepare
préparer - to prepare
préparée - prepared
publique - public
puis - then

Q
quand - when
quant - as for
quartier - region
quatre - four
que - than
quelqu'un - someone
quelque(s) - some
quelquefois - sometimes
qui - who
quitter - to leave
quoi - what

R
raison(s) - reason(s)

regarde - (I, s/he) look(s)
région - region
règles - rules
renchérit – amplified
rencontre - to meet
rencontrons - (we) meet
rendez-vous – appointment
rendre - to get there
répare - (I, s/he) repair(s)
réparer - to repair
répond - (s/he) answers
réponds - (I, you) answer
repos – rest (informal)
repose - rest
reposer - to rest
responsables – responsible
rester - to stay
retourner – to return
retournons - (we) return

revenir - to come back
reverrons - (we) will see
reviens - (you) come back
revient - (s/he) comes back
riche(s) - rich
rien - nothing
rue - road

S
sa - her, his
sac - bag
sages - polite
sais - (I) know
salaire(s) - wage(s)
salariés – workforce
sales - dirty
salle - room
salue - (I) (s/he) greet(s)
salut - hi
sans - without
sautant - jumping
sautent - (they) jump
savez - (you) know
savoir - to know
savons - (we) know

se - himself/herself
semaine(s) – week(s)
semble - seems
sens - odor
sept - seven
sera - will be
serre - (s/he) squeezes
ses - his, her
seul/e - alone
seulement - only
si - if
simplement – simply
soin - care
soir - night
sommes - (we) are
son - his, her
sonne - rings
sont - (they) are
sortent - (they) leave
sortir - to go out
souffrent - (they) suffer
soupe - soup
sous - under
souvenez - (you) remember
spéciale - special
stricte - strict

subi - endured, put up with
suffisant – sufficient
suis - (I) am
(tout de) suite – all of a sudden
sujet - subject
sur - on
surtout - especially
séparés - separated

T
ta - your
te - you
tellement - so much
temps - time (season or period)
température – temperature
termine - end
terminé - ended
terre - earth
terribles - terrible
tes - your
ti - little
tien - yours
tienne - yours
tiens - oh!
toi - you

tombe - (I, s/he) fall(s)
ton - your
tortue - turtle
touche - touch, (s/he) touches
touchent - (they) touch
toujours - always
touristes - tourists
tous - all
tout/es – everything
trafiquant – trafficker
travail - work
travaille - (I) (s/he) work(s)
travailler - to work
travailleurs – workers
travaux - work
trente - thirty
très - very
triste(s) - sad
trois - three
trouve - (I, s/he) find(s)
trouver - to find
tu - you
typique - typical
téléphone - phone
téléphoner - to call

U

un/e - a, an
urgences – urgencies
usine - factory
utilise - (I) use
utiliser - to use

V

va - (s/he) goes
vagues - waves
vais - (I) go
valait - (it is) worth
vas - (you) are going
venez - (you) come
venir - to come
verrai - (I) will see
vers - towards
verses - to pour
veulent - (they) want
veut - (s/he) wants
veux - (I) want
vie - life
viennent - (they) are coming
vient - (s/he) comes
vieux - old
ville - town
vin - wine
vingt - twenty

visite - (I) visit
voici - here
voir - to see
vois - (I) see
voisin/e(s) -
   neighbor(s)
voiture - car
voix - voice
volent - (they) fly
voleurs - thieves
vont - (they) go
votre - your
voudrais - (I) would
   like
voulons - (we)
   want
vous - you (plural)

voyage - journey
voyagent - (they)
   are travelling
voyageons - (we)
   are travelling
voyager - to travel
voyagez - (you)
   travel
voyagé - (I) travel
vrai - true
vraiment - really
vu - saw
vue - view
vérité - truth

Y
yeux - eyes

ABOUT THE AUTHOR

Jennifer Degenhardt taught high school Spanish for over 20 years. She realized her own students, many of whom had learning challenges, acquired language best through stories, so she began to write ones that she thought would appeal to them. She has been writing ever since.

Please check out the other titles by Jen Degenhardt available on Amazon:

La chica nueva | La Nouvelle Fille |The New Girl
La chica nueva (the ancillary/workbook
volume, Kindle book, audiobook)
El jersey|The Jersey |Le Maillot
La mochila
El viaje difícil |Un Voyage Difficile
La niñera
La última prueba
Los tres amigos | Three Friends
María María: un cuento de un huracán | María María:
A Story of a Storm | Maria Maria: un histoire d'un
orage
Debido a la tormenta
La lucha de la vida
Secretos

Follow Jen Degenhardt on Facebook, Instagram @jendegenhardt9, and Twitter @JenniferDegenh1 or visit the website, www.puenteslanguage.com to sign up to receive information on new releases and other events.

ABOUT THE TRANSLATOR

Theresa Marrama has taught middle and high school French for 13 years in upstate New York. A teacher certified in both French and Spanish, she teaches her classes using Comprehensible Input (CI). She is an up-and-coming author of soon to be published comprehensible readers. Theresa enjoys writing comprehensible stories for language learners.

You can find some of her work on her TpT Store, The Compelling Language Corner : https://www.teacherspayteachers.com/Store / The-Compelling-Language-Corner

Her books include:

- Une Obsession dangereuse, which can be purchased at www.fluencymatters.com.

Available on Amazon:

- L'île au trésor, Première partie : La malédiction de l'île Oak
- Une disparition mystérieuse (French version)
- Una desaparición misteriosa (Spanish version)
- La ofrenda de Sofía

Made in the USA
Columbia, SC
30 August 2020

17741596R00043